그저 좋은
당신의
시간

그저 좋은 당신의 시간

초판 1쇄 발행 2022년 12월 18일

지은이 김주옥
펴낸이 장길수
펴낸곳 지식과감성#
출판등록 제2012-000081호

교정 박소희
디자인 정한나
편집 정한나
심부 성은솔, 이현
마케팅 정연우

주소 서울시 금천구 벚꽃로298 대륭포스트타워6차 1212호
전화 070-4651-3730~4
팩스 070-4325-7006
이메일 ksbookup@naver.com
홈페이지 www.knsbookup.com

ISBN 979-11-392-0817-7(03810)
값 12,000원

- 이 책의 판권은 지은이에게 있습니다.
- 이 책 내용의 전부 또는 일부를 재사용하려면 반드시 지은이의 서면 동의를 받아야 합니다.
- 잘못된 책은 구입하신 곳에서 바꾸어 드립니다.

지식과감성#
홈페이지 바로가기

그저 좋은
당신의
시간

김주옥 지음

어릴 적 많은 이야기와 동화를 듣고 자라 꿈이 무성해졌습니다.
긴 세월 시와 산문을 쓰며 오늘의 작가가 되었습니다.

더 많이 사랑하고 더 많이 갈고 닦으며
글과 더불어 살아갈 것입니다.

목차

작가의 말 10

1부

1. 바람이 분다 14
2. 새벽의 노래 15
3. 러브레터 16
4. 응급 사랑 17
5. 병실에 누워 18
6. 다시, 첫사랑 19
7. 첫눈 20
8. 몰랐어요 21
9. 인연 23
10. 발톱 깎기 24
11. 황홀한 아침 25
12. 포인세티아 26
13. 서재 27
14. 분꽃 피는 오후 28
15. 사랑착각증후군 29
16. 그립다 30

2부

17. 다시 32

18. 황혼빛 33

19. 마스크 가면 34

20. 의무적인 음주 35

21. 모래시계 36

22. 밤은 집이 없어 37

23. 편지 38

24. 반지하 39

25. 씨밀레 40

26. 이사 41

27. 나무와 빗소리 42

28. 기억의 눈 43

29. 가장 아름다운 시간 45

30. 떨굼의 미학 46

31. 문을 열지 마오 48

32. 책의 과수원 50

3부

33. 내 심령의 프레스코화   54

34. 용화산 돌탑   56

35. 연꽃과 기와   57

36. 경이선호성(驚異選好性)   58

37. 씨앗의 여정   59

38. 뒹구는 것들   61

39. 생(生)   63

40. 녹슨 주전자   66

41. 산수유나무   68

42. 동반자   69

43. 유채색 바구니   70

44. 항구   71

45. 동화   73

46. 별 하나   74

47. 등반 손님   75

48. 덕유산 - 가을 산행   77

49. 스승과 제자   79

4부

50. 내외간 82

51. 단순 83

52. 추억, 견딜 만큼만으로 85

53. 보국어 87

54. 첫 비행 89

55. 무덤 속에서 90

56. 남은 그들 91

57. 스스로 사라진 자 93

58. 엄청난 부와 엄청난 가난의 비례 -기사 94

59. 공동체 시민아카데미 95

60. 사랑의 빵조각 96

61. 최근의 사랑법 97

62. 복권 98

63. 강과 다리 100

64. 망각의 칼 101

(5부)

65. 누워도 될까요? 104

66. 손님 105

67. 낯선 혹은 부드러운 시선 106

68. 오지 않아도 그리울 겁니다 107

69. 희망은 단 하나 109

70. 슈퍼 지구 -행성 케플러 22b 111

71. 미래의 life style 113

72. 내가 살아 있습니다 114

73. 붉은 울음 117

74. 김장하는 날 118

75. 할 수 없는 말 119

76. 그래도 121

77. 그늘을 위한 원점 122

78. 검은 유리알 124

79. 하늘의 빙하 126

80. 벌초하는 날 128

81. 아픈 눈빛 129

82. 종점에서 130

83. 아들에게 131

작가의 말

10대 후반부터 성당에서 활동하며 시를 써서 낭송하고 글을 써서 낭독하였던 일이 아마도 내 문학의 시작이었다고 생각됩니다.

그때는 그 일이 임무였고 의무 같은 일이었으나

이제는 시가 삶이 되고 글쓰기가 생활이 되고 문학이 인생이 된 작가입니다.

시가 있기에 깊은 우울에서 벗어날 수 있었습니다.

글쓰기는 따스한 품속에 품어 주는 애인 같고 온갖 투정 다 받아 주며 위로가 되는 친구입니다.

글로 하여 목숨이 깊어지고 단단해졌습니다.

어릴 적 많은 이야기와 동화를 듣고 자라 꿈이 무성해졌습니다. 긴 세월 시와 산문을 쓰며 오늘의 작가가 되었습니다.

더 많이 사랑하고 더 많이 갈고 닦으며 글과 더불어 살아갈 것입니다.

고난을 이기고 슬픔의 옷을 벗으며 자꾸만 웃음꽃이 피어나고 있습니다.

1부

1. 바람이 분다

어둑한 저녁 흔들리는 나무들
가로등 불빛을 잉태하고
익숙한 몸놀림으로 춤을 춘다
구름보다 진한 베일에 덮인
평온한 얼굴의 마을

밭들도 작물들도 소리 없이
이슬을 먹는다
맑은 언어들이 고랑 사이로 흐르고
뜨뜻한 체온의 다리를 뻗는다
태양보다 먼저 눈을 떠
노을보다 늦게 하루를 마감하는
흙과 농군의 밀어가 손수레에 담겨
등 따신 미래의 레드카펫을 짜고 있다

거칠어진 손 안에 넉넉한 웃음
배부른 만삭의 꿈들이
오늘도 낮은 선율의 휘파람 소리로
하루를 지탱하고 있다.

2. 새벽의 노래

문 하나를 여니
새소리 나를 반기네
또 하나를 여니 멍 멍 멍
먼 곳에서 들리는 강아지 소리

두 겹의 문을 열어도
세상의 소리 들리는데
우리 만 겹의 문 연다면
그 얼마나 애틋하고 찬란한 영혼
그윽한 멜로디가 들리겠는가

꼭꼭 닫아걸었던 과거의 우울들이
이제 햇살을 향해 스스로
걸어 나오고 있다
황홀하다 살아 있는 목숨들
그 생명의 빛들이 쏟아지고 있다

뛰는 심장에 박수를
닫힌 혈맥들에 응원의
키스를 보낸다
동이 터 온다.

3. 러브레터

어제와 이별했는데
오늘이 손잡아 주네요
난 어제만이 사랑인 줄로 알고
헤어지지 않으려 참 많이 울었거든요

그런데
오늘이 오고 나니 오늘도
사랑이었어요
구구절절 아프지 않은 상큼한 오늘

다시 시작하려 해요
상처를 거두고
오늘과 새로운 사랑을 하려 해요
참 좋네요

오늘은 어제와 다른 향기가 나고
목마르지 않은 속삭임도 들려주네요
색깔도 다르고 언어도 다르네요

그래서
난 이제 오래도록 오늘과
사랑하고 함께 하기로 했어요
오늘 고마워요.

4. 응급 사랑

어둔 밤 가로등 불빛
그대 이마엔 땀방울
여기저기 아픈 이들
신음소리 들리고
하얀 시트 덮여 나가는
그곳에도 사랑은
있더라고

사랑은
사막에도 있더라고
낙하하는 벼랑 끝에도 있더라고
떠날 준비 서두르는
그곳에도 있더라고

전선에 흐르는
전율하듯 터지는 사랑
말도 없고
대화도 없이 오는
그것이 사랑,
이더라고.

5. 병실에 누워

깜박 잠들어 혼미한 찰나
불 꺼진 한밤중
하얀 천사 다가와 위로의 말
혈압을 재고
검사를 위한 피를 뽑고
오늘은 참 좋으네요

자다가도 새어 나는 안도의 깊은 숨
평화가 온다 이 또한 신의 사랑
천사들 잠 못 자고
나를 지킨다

살아 있는 모든 것이
감사하다
곁에 누운 동지들에 마음이 간다
동병상련,
밤의 섬에서 두렵지 않으니.

6. 다시, 첫사랑

그대가 아직도 그 사람이라면
나 다시 첫사랑하겠습니다
사춘기 적 아직 때 묻지 않은
그 사람이라면
나 다시 첫사랑하겠습니다

세월 지나 많은 세월
흐르고 흐른 지금
난 아직도 그대를
변함없는 모습으로 기억합니다

혹시나 그대 곁에 다가가더라도
난 기억상실증된 기억으로
그대를 기억하렵니다
세월도 잊고 풍파도 잊은
여름날 마주친 그 사람으로
가슴 설레며 바라볼 것입니다

나에겐 너무나 소중한
첫사랑이기에
이 가슴에 담아 두고 홀로
행복한 미소를 지을 것입니다
우리의 육신은 나이 들어도
마음과 영혼은 영원한 청춘이니까요.

7. 첫눈

새벽에 일어나 창문을 여니
오 네가 왔구나
내 심장 두근거린다

첫눈은 그대만 같아
마냥 좋다
바라보기만 해도 좋은
새하얀 기억

뽀얗고 조용하게
내 얼굴 스치며 붉어지던,
말 한 마디 없고
목소리도 모르던 그대

그저 좋은 당신의 시간

8. 몰랐어요

긴긴 장서를 보내 주신
그때는 몰랐어요
수줍고 어린 마음에
그 마음 받을 줄 몰랐어요

어느 날 당신이 나타나
누구인 줄 몰랐어요
그 편지 돌려보내고
당신이 먼 곳으로 떠나셨다는 말
바람결에 들려왔어요

들풀 같은 여자
말도 할 줄 모르면서
내 안에는 수많은 이야기가 쌓였습니다

세월이 흘러도 그만
그냥 걷던 길 걷고 싶었습니다
내가 살던 이곳이
영원한 천국이었기에
어디로 가고 싶지 않았습니다

지금은 무얼 하고 계실까요
아직도 미안한 마음에
말할 수 없는 허공에 대고
소리칩니다
미 안 해 요.

9. 인연

말이 없어도 질문이 없고
사랑한다 안 해도
사랑이라고 믿는
그런 사람입니다

혼자서 제 생각대로
날 이끌고 가는
구석기와 신석기까지
구구절절 알 수 있는
그런 사람입니다

나도 모르는 나를
그 사람은 다 알아
아니, 아는 듯해
다른 길 없어 걸어간 그 길입니다

꽁꽁 동여맨 자유의 의지
이것이 신의 선택이었지요
순명과 인내와 세월의 물결
아까운지 모르고
두 손 벌려 날렸습니다

그러다 보니
어느새 흰 눈이 내렸습니다.

10. 발톱 깎기

사람의 발가락 끝에 덮인
단단한 중심
길고 짧고 좁고 넓은 세상의 중심들

우리 치매 엄마 발톱에는
무덤 같은 봉우리 솟아올라
난 손도 대지 못합니다
발톱무좀 생긴 후
손을 못 댑니다
어릴 적 우리 아기 손톱 깎아 주다
피 본 뒤로
할머니 손톱 다듬다가
피 만진 후로
난 손을 못 댑니다

내 두 손으로 하지 못한 것
왼팔만 남은
장애인 동생은 전문가같이
잘 합니다

면도날 조심스레 잡고 앉아서
시원스레 잘도 깎습니다
누가 화가 아니랄까 봐
발톱석고에 조각도 잘합니다.

11. 황홀한 아침

아침이 끝나 본 사람은 안다
아침을,
그냥 아침이라 하지 않고
황홀한 아침이라 한다

어둠이 가셨다고
동이 트는 건 아니다
마음에 구름이 쌓이고 찬바람 불면
온종일 햇살 등지고
어둠 속을 헤맨다

달리는 자동차의 번호판도 아프다
수인번호같이 적막으로 가둔다
요람에서 무덤까지
홀로 우는 법은 배우지 말자

날이 갈수록 날이 선
거친 혓바닥도 힘을 잃고
세월이 점 점 점
광명의 문을 빼꼼 열고 맞이하니

그런 아침까지
황홀한 아침까지 숨을 쉬자
검은 장막의 베일이 벗겨질 때까지.

12. 포인세티아

초록정원 속에 너의 붉음은
내 타는 심장 같아라
아무리 지워도 생각나는
황홀한 날의 그대 눈빛 같아라

입가에 웃음 평생을 지켜 준다던
너의 맹세 같아라
흰 눈이 내려야 오는
주의 발걸음 같아라

한 개의 화분 안에 담긴
너의 충만함은
식은 찻잔도 데워 내리라
찬바람 속에서도 열기 퍼지는
그대 따스한 입김 같아라.

13. 서재

현관부터 안방 거실 베란다까지
손님이 오면 책이 먼저 맞는다
한 권 두 권 이어진 역사
선물인 책
읽고 또 읽은 애인 같은 책
그대가 되는 책이다

혼자서도 가득하고
읽지 않아도 읽고 있는
그대들에게 빠져
지금도 그들과 사랑을 속삭인다

책 책 책
어디까지가 서재인지 모르나
보고만 있어도 좋은 책이다.

14. 분꽃 피는 오후

하루 반나절이 지나야 찾아오는
따스한 평온 같은 꽃

들썩법썩 분주한 오전을
먼지 같이 가라앉히고
화단에 조용히 서 있네

해는 점점 고개를 서쪽으로 돌리고
황혼도 아니고
일출도 아닌 시각
편안한 사랑 닮은 너 오네

보고 싶은 엄마
마음에 그리움 충동질하는
애잔한 내 유년으로 회귀하는
연어와 같은 식물이다.

15. 사랑착각증후군

어떤 이는 자신이
사랑을 받고 있음을 모른다
그토록 그를 선망하는 이
보고 싶어 하는 사람이 있어도
자신만 모른다

힘겹다고
슬프다고
무너진다고
무릎 꺾어 고개 숙이고
태양을 등진다

내 안에 가득한 한숨소리
피리 불 듯 밖으로 날려 보내고
들녘의 한 송이 꽃이 살아가는
그 생의 충만함으로 살자

바람 분다고 울더냐
비 온다고 투정하더냐
사는 일 절망보다 큰 희망으로
내일로 걸어간다.

16. 그립다

그때는 그리도 힘들었던 시간이
지금은 목마르게 생각이 난다

택시를 타고 터미널에 내려
고속버스 기다리던 일

일 분 일 초 아끼며 공부하던
붕어빵 같은 자식
영광의 문으로 들던 날

나를 버리고 너만을 위해 살던
풋풋한 젊음

자다가도 숨이 멎던 날들
이제는 그것들이 윙크하며 웃는다.

2부

17. 다시

미련 하나 입에 물고 되씹는 말
사랑과 미움 사이 서성대는 말
오직 한 방향만 바라보라고
부추기는 말
그건 아니고 이거라는 말
예전의 그곳으로 돌아오라는 말
나중에서 처음으로 회귀하는 원점의 말

자다 깨서 널 생각하다
고개 끄덕이며 잠드는 말.

18. 황혼빛

아버지 떠나실 때 돌아보던
친정집 담장 위에 걸렸던 그 빛

"이만큼 했으면 됐지"
모든 정리 마치고 내뱉은
서녘 닮은 말

새벽에서 노을까지 인생 한 바퀴 달리는데
왜 이리 짧은 건지
견고한 영혼에 눈물이 차올랐습니다
모든 이별의 시간에는 눈이 내립니다

쌓고 쌓은 모래성 무너지고
계절의 끝자락에 두 팔 벌려
한 아름 안고 다시 쌓는 그 성(城)은
두고 가는 것들에 대한
그리움입니다

떠날 때 간절한 그 염원으로
황혼의 빛은 찬란합니다.

19. 마스크 가면

코로나 때문이지만
일 년을 넘게 마스크 쓰고 사니
이것도 습관 되고 중독이 된다

화장 안 해도 머쓱하지 않고
밥 먹고 립스틱 안 바르고도 외출한다
이 겨울 마스크 덕분에 감기 한 번 안 걸렸다
겨울마다 앓던 기침이
단순한 행동으로 단숨에 고쳐졌다

그래서 범사에 감사하라 했던가
다만,
서로가 조심해야 할 일
코로나 두 손 들고 사라질 때까지
목숨을 부지해야 하다

함께 또 따로.

20. 의무적인 음주

알콜만 들어오면 나는 기침을 한다
알콜 알레르기다
어느 노시인의 시를 읽다가
맥주 한 잔 마시고 겁나 행복해하는
그 시를 보니
나도 구미가 당긴다

불행이란 단어와 작별한 지 오래지만
그 행복이 좋아서
선물로 받은 꽃술 한 모금 했다
콜록, 하는 사이 물을 마시고
다시 시를 읽으니
온몸으로 퍼지는 열기

나와 동거하는 이명이나 사라졌으면.

21. 모래시계

한 생이 다하면 누군가 돌려세워
피돌기 해 줘
너의 세월 흐르는 동안

우리는 밥을 먹고 물을 마시고 사랑을 하지
시간의 모래가 쏟아질 때까지만

뒤돌아보아도
쏟아진 날은 돌아보지 않고 걸어가
다시 오는 봄
그 봄까지는 등 보이지 마
내 영혼에 꽃피어야지

서둘러 달음질치는
야속한 임의 초침
그 눈치 보다가 텅 빈 들녘에 섰네.

22. 밤은 집이 없어

기차를 놓친 남자
막차를 떠나보낸 여자
갈 곳 잃은 철새의 종점
도무지 천지가 아득한 검은 숲
다리가 있어도
걸을 수 없는
장승백이

노숙인의 집 같은
칠흑의 고원
먹물로 채워진 빌딩 사이로
하나가 된 적막

어둠은 모든 것을 껴안고 자고 있을 뿐.

23. 편지

수십 년 손 편지 보내 주던 그녀가 있다
그녀 가장 힘들 때 만나
나는 그녀의 많은 역사를 안다
누구에게도 말할 수 없는 말
침묵으로 들어 주며
그녀의 고백성사를 집전하는
사제가 된다

그녀 또한 그렇다
세상에서 가장 편안한 그녀
가까운 누구보다 내 맘 열고
속내까지 들켜도
부끄럽지 않은 그녀

우린 그렇게 서른 즈음에
인연을 이어 오고 있다

편지를 받는 일은 마음을 받는 것임을.

24. 반지하

이 말이 무엇인지 나는 몰랐다
지하면 지하지 반지하는 뭔가

몇십 년 전 서울 가서 보았다
그 집에 갔는데
그저 충격이었다
이런 곳도 있었다니……

사람이 동굴 속에 살기도 한다는 걸
화려한 서울 안에 있다는 걸
그걸 배웠다.

25. 씨밀레

친구야 안녕?
넌 그곳에 살고 난 이곳에 살지만
늘 고마워
대학 시절 동안 하루하루
그날 배운 것 글로 쓰고
그림을 그려 보내 준 정성
지금도 잊지 않았어

사춘기 때 너의 집에 가서 빌린 책
아직도 못 돌려주고
고백만 했었지
너처럼 수십 년을 바라본다

'까뮈의 이방인'이지
지금 보내도 너무 낡아서
펼치면 부서질 거야
기억 속의 생생함으로 남겨 두자

너의 마음과 체온이 담긴 책
곁에 있으니 좋아.

26. 이사

참 이상도 하지
윗 지방에서 잠시 살다 내려올 땐
시누 둘이 이삿짐 쌌지
초상 치르고
이삿짐 가지러 가니
길바닥에 내 살림들 나앉아 있더군

아랫 지방에서 오래 살다 올라올 땐
오라버니가 이삿짐 쌌지
일터가 먼저 나를 불러내
짐조차 꾸릴 시간 없었지

한 생이 뭐 그리 바빴는지
숨조차 돌릴 수 없었지
이제 천천히 걸으려 해도
자꾸만 세월이
시침 분침 초침으로 달려가네.

27. 나무와 빗소리

탱고를 추며 달려드는 부나비의 격정
양손 벌려 끌어안는 나무이파리
후드득 비 드는 자리마다 별똥이 튄다

뜨겁게 때리는 방울의 찰랑거림
젊은 연인의 체위인 양
앉았다 섰다 비틀리는 오감

다 태우지 못한 불쏘시개 같은
나무의 육질
한바탕 애액의 소나기 뛰놀고 떠난 자리에
말갛게 드러난 청초의 얼굴

진저리치듯 번지는 미소
목마른 한 생을 다녀가신 듯
빛 뿜는 천둥과 되더위의 칼날
아득한 날의 화랑의 무예
저 높은 공중의 피 끓는 함성

노곤한 땀을 흘린 우주는
고갈된 연료를 비축하기 위해
또 다른 폭풍의 눈
구름 뒤에 세기의 노래를 준비한다.

28. 기억의 눈

늦가을 오후의 양철지붕
만져 보지 않으면 누가 알랴
고열의 연륜을
저물어 갈수록 더 뜨거워라

뜨거워
헉, 헉, 헉
김이 서리는 심장

뚝 그친 소나기의
막막한 연정
귀먹은 듯
네가 들리지 않아

심연의 통로 드나들며
시선이 오갔던 구두 발자국
높고 낮은 음계들
끝내 울음 울던 시간에도
달착지근한 기억 하나는
잇몸 사이로 흘렀지

두껍게 덮여 가는 허상의 체온
점점 예의만 깍듯해지는 세월아
양념 빠진 인사에 입술이 탄다

어제보다 나은 오늘이지만
어디로 갔느냐
가슴 아프게 두드리던 손

거친 청춘의 사기꾼
진물 흐르던 밤의 멜로디
처연한 선율의 카타르시스.

29. 가장 아름다운 시간

눈 내리는 풍경을 보며
누군가를 추억하는 하루

비 오는 창가에서 향기로운 커피를 마시며
반가운 친구를 기다리는 일

꽃이 피어나는 들녘을 걸으며
지나간 날들을 매만지는 노년

햇살 좋은 운동장에서
마주 앉아 도란거리는 아이들

미움이 돋는 가슴 언저리 달래며
두 손 모아 애써 견디는 날

지나간, 지나가는 시간을
갈무리하는 지금의 우리들.

30. 떨굼의 미학

공원 옆에 승용차를 주차하고
창밖을 본다
은행잎 하나가 윈도 솔 사이에
날아와 꽂힌다

가자, 가자 하고 나무는
노랑의 손을 끌어 내린다
작은 병아리는
어깨를 좌우로 흔들며
창 안을 응시한다

나와 눈이 마주친다
깜짝 놀라 고개를 돌리는
어린 나그네

거리에 쌓이는 노란 엽서
합창을 하듯
한꺼번에 배달된다

공중의 발레리나는
바람의 지휘에 따라
이쪽저쪽에서 군무를 춘다

기도인 듯 떨어지는 잎사귀
차곡차곡 두 손 모으는 가을
만추의 경이로움
증여의 손이 아름답다.

31. 문을 열지 마오

열린 문으로 검은 고양이 튀어나와
놀라게 하지 마오
커튼 뒤로 흔들리는 날 선 달빛에
가슴 베이게 하지 마오
북창 틈으로 스미는 바람으로
나의 방을 겨울이 되게 하지 마오

운명을 바꾸는 건,
아주 작은 문들
까만 밤의 혓바닥으로
낙원의 상징물을 허물지 마오
비상을 꿈꾸던 황홀의 순간
길을 잃은 언어 한 토막의 이기적인 조합
초매의 적절한 횡설수설

낭떠러지 사이의 문을 닫아 두오
두꺼운 무명의 헝겊 맞대어 시침질을 해 두오
시간이 흐를수록 더욱
단단하게 여미고 조여 두오
다시는 오지 못할
여름 한 철의 밀회를 위하여

눈물에 섞인 빗물로
즐거움이 사라지지 않도록
주먹 안에 움켜쥔 모래같이
애써 얻은 소중한 것들
흘러내리지 않도록.

32. 책의 과수원

봉인된 소리의 새싹
그리고
더는 분리할 수 없는
핵

알파벳에서 유추된 형태소
글 무늬의 의미는
하나의 세상

본연 그대로
소통을 한다
손을 잡지 않아도
뿌리를 내린다

더 넓은 세상으로
전진하기 위해
운명 같은
몸을 기댄다

단어가 문장을
문장이 텍스트를
풍성하게 한다

문단의 정원 안에
무수히 매달린
감(感)의 재미

두꺼운 책 속으로 유영하는
혼의 눈동자
삶은
한 생의 독서.

3부

33. 내 심령의 프레스코화

기억의 거울이 나를 본다
추억의 화살이 내 가슴을 뚫는다
소음 없는 햇살이 공중으로 떠돈다
집을 잃은 행성 하나가 지구로 달려온다
블랙홀 속으로 사뿐히 굴러 내린다

두개골의 등고선을 불의 소나기가 때린다
혜성의 모래주머니 벌어져
둥근 날의 단도와 부딪힌다
찰나의 종말을 비켜 가는
운명의 손이 거수경례를 한다

아름다운 청년에게서 빠져나간
집요함이 없는 평온
자존을 잃은 청춘은 무슨 의미일까
떠나고 달리고 오르고 내리는
인생의 여행객들

황금사원의 가을 나무

만추의 연못 속을 헤엄치는 동공들
치명적 매력은 만남과 이별 사이에만
보금자리를 틀고 알을 깐다

조약돌인지 거대한 타조알인지
이제는 호기의 꿈조차 가늠할 수 없는
젖은 영혼의 동굴 벽에 남은
한 장의 선명한 프레스코화.

34. 용화산 돌탑

오르고 또 오르는 용화산
어디쯤 놓인 돌무더기
말없이 쌓여 가는 기원들

나도 남도 그냥 지나칠 수 없어
오늘도 한 개의 돌덩이가 더 올려진다
뾰족한 탑 위로 나뭇가지 흔들리고
행여 마음가짐 흐트러질까
가만히 한 개의 돌을 더 올리는
어버이의 손길.

35. 연꽃과 기와

누구의 가슴일까
저 넓고 푸른 잎사귀들은

연옥인 듯 지옥인 듯
뜨거운 세상살이

제 얼굴 하나 바로 보지 못할
구정물 같은 방죽 안에
모성 닮은 아름다운 연꽃이여

처절한 인내와 혜안으로
천상과 지상의 어울림
영롱한 이슬을 안고 사는 그대여

법당 위에 얹힌,
수천 번의 손길로 빚은 기왓장은
아침마다 지저귀는 새들의 놀이터

어디를 가나 부처는
연화로 피어 중생을 반기는구려
재생을 알려 주려
말없이 고개를 숙이는구려.

36. 경이선호성(驚異選好性)

넌 아이다
늘 놀라운 것을 꿈꾼다

넌 아이다
늘 이상한 것을 기대한다

아이 하나 네 안에 있어
　잠들 줄 모른다

늙어 가는 거리에서
칭얼대는 싱그러운 아이

넌 시들지 않는 야생화.

37. 씨앗의 여정

아주 작고 위대한 씨앗 한 톨의 종착지
아무도 몰랐을 거대한 비밀
그 작은 눈 속에 담긴
광대한 세계로의 뻗침

날마다 조금씩 제 영역을 넓혀 가며
세포를 밀어내는 힘은
우주를 들어 올리고도 남았으리
씨눈이 자라고 화산의 폭발인 듯
싹을 틔우던 날엔
스스로 울먹이며 자랑스러웠으리

돌무더기 속에서도 촉수를 세워
감은 눈으로 길을 찾아 갔으리
어둠 속의 빛을 무한 흠모했으리
더듬고 또 더듬어 가며 눈을 떴으리

땅 위로 솟구쳐 함성을 지르던
어린 아기씨들의 머리 위에
비가 들이치고 뜨거운 열기 내리쬐던
더운 날의 헐떡임 사이로
뿌리는 더욱더 안간힘으로
밑동의 성을 쌓았으리

튼튼한 기둥을 세우고
제 몸을 데려갈 신전을 올렸으리
온전한 성장 후엔 제물이 되어
새 생명을 다시 잉태해야 하리
존재의 사라짐은
숙명의 축복이었으리.

38. 뒹구는 것들

거리에 뒹구는 건 낙엽만이 아니다
부러진 칼날이 누군가의 발길질에 뒹굴고
한 여자의 머리채에 달렸다가
슬그머니 손을 놓은 머리핀
서로 잃어버리고
쓸모없는 존재가 된 귀고리 한 짝도 뒹군다

맛있게 먹히다 빠져나온 담배꽁초
근사한 양복 속에서 걸어 나온 옷걸이
어느 따스한 입술과의 입맞춤을 끝낸
찌그러진 음료수 캔

뚜껑 열린 박카스병 안으로 쌓여 가는
도시의 피로와 먼지들
채 일을 마치지 못한 듯 기다리는 일손
공사장 작업자의 손에서 버려진
푸르딩딩한 코팅 장갑 한쪽

가끔은 오백 원짜리 동전이
내 앞에서 환하게 웃고 있다
백 원짜리 동전이 나를 발견하기도 한다

부담 없는 십 원짜리가
그 허술함과 위력을 동격으로
나를 지배할 때도 있다

신이 주신 절호의 기회
지폐 몇 장이 떨어진 날에는
힘들이지 않고도 나부낄 수 있다

내게서 떠나간 것들
그 누군가에게서 떨어져 나온
그것들이 뒹구는 곳엔
인간의 체온이 배어 있다

사람의 손을 거쳐 나온 모든 것에는
잔정이 남아 있다
새것들이 지니지 못한 삶의 온기가 있다
안타까운 미련이 남아 있다.

39. 생(生)

1
내 청춘의 터널엔 썰물뿐,
어디에도 빛은 없었다

사방에 길이 뚫렸다
흰 손에는 나침판도 없었고
두 눈엔 표지판 하나 보이지 않았다

이정표 없는 첩첩산중
고산지대, 아우성칠수록 빠져드는 모래 늪

2
폐쇄된 간이역으로 갔다

마지막 열차가 남기고 간
휑한 겨울 침묵
정거장 부근의 낡고 허름한 뒷골목의 노파

검은 밤에도 붉어지는 청춘의
머나먼 꿈, 손수건 한 장의 온기
심장을 쥐어뜯는 초승달의 눈가림

3
닿을 수 없는 기억
만져지지 않는 미래 그리고
난파한 널조각을 붙들고
도시로 갔다

무덤 속에서 명멸하는 스펙트럼
거짓 희망들이 혓바닥을 간질이는
중심부와 변두리 사이
질주하는 자동차들의 무감각

4
내 생은 아메바에서 생성된 촉수
카오스에서 분리된
질서정연한 슬픈 낙원
사과 한 알의 실수로 눈을 뜬
이 땅은 무엇인가

구멍 난 양말 사이로 꿈의 냄새를 맡고
강물에 뜬 별빛 부초를 따라
나의 갈망은 화석이 되어 갔다

5
천지가 개벽한 개안의 시대로 이끌려 와
몸 풀고 누운 한 잎의 여자

언제쯤은 터질 분화구 안의 자물쇠
길은 만들어 가는 것이라는 걸 깨닫는 나이
그 인식 가운데 스미는 신비의 무지함

6
내 청춘의 터널엔 썰물뿐,
밀물로 다가오는 시간의 수레바퀴는
윤활유 없이도 스르르 굴러간다.

40. 녹슨 주전자

삼십오 년 만에 불통의 전화선이 뚫렸다
사금파리 모아 살림을 차렸던
소꿉동무의 피돌기
개울 다리 건너 전해 온 소식
천지에 깜깜 소식 모르던
녹슨 중년의 바깥나들이

어린 날의 굴뚝 위로 연기가 솟고
낮게 깔린 풀잎 향이 코끝을 간질인다
아무 말 없이도 다 알고 있는
구구절절한 우리의 태초

그녀의 울타리는 지금도 편안하다
서로 다른 사고, 배움, 가치
모든 것 이젠 평정되었다
구식 이분법 안에 담긴 염료들이
똑같은 물질로 환원되었다

뚜껑을 열면 그날의 불빛들이 반짝이며
작은 종지 안에 추억을 부어 놓고
향기로운 이야기로 마주한다
도시의 백년보다 깊은

고향의 해맑은 발걸음 소리
지나간 공백의 녹을 벗겨 내는
기억의 레일을 밟으며
불협화음의 목청을 조율한 오늘
세상 안의 가장 편안한 길
아득한 냄새를 맡는다.

41. 산수유나무

푸른 구름 속에 박힌 붉은 진주알
젊은 아낙들은 보석을 따서
바구니 가득 빛을 모은다

탱글탱글한 핏방울이
후드득 떨어지는 한나절
핏물 든 오솔길로
바스락 걷는 가을의 전령

옹골찬 매무새
산수유의 전설 같은
아름다운 침묵
환하게 매달려 있다.

42. 동반자

내 순명의 신(神),
무서운 너를 흠모했어
이 길의 시작부터 종착역까지의 릴레이
서늘한 회색 도시의 가로등
그토록 기다린 네가 바로 곁에 있었지
후유 한숨 돌리고 바라본 너였는데
위아래 옆에 회전목마를 탄 왕이었어

말 한마디가 빛으로 쏟아져
내 몸에 십계명을 새겼어
물 바위가 되고 철 나무가 되고 무생물이 된
칠의 사람 불의 사람 단단한 사람

이 기나긴 여정 말이 없는 너
이젠 두렵지 않은 너
시험대에 오르고 도마 위에 누운
물고기의 악몽이 흘러내렸어

맛있게 먹혀도 좋을 물고기자리의 꿈
여기는 지상 포구의 선착장
모든 건 정상으로 운행되고
바다는 끝내 안식을 거부했어
고요는 죽음뿐
끝없는 탄식의 파도를 사랑한 거야.

43. 유채색 바구니

살아 있는 것은 모두 성난 파도
성냥갑 속의 개미들이 밥상을 차린다
줄지어 목숨의 무게를 나누고
마지막 키스의 달콤함 속에 소멸하는
물컹한 물체의 물거품

망각의 바다를 헤엄쳐 가는
돌고래의 애교를 보라
행위의 일상인 듯하지만
그들에겐 엄청난 음모이리라

바구니 속의 삶이 덜거덕거리는
명징한 하루
매듭을 풀고 다시 매듭을 엮으며
초록의 나무는 다양하된다

성품대로 더 붉고 샛노란 리본을 맨다
잔치하는 삼라만상
끝날에야 알게 되는 제 몸의 빛깔

한 잎 두 잎 기차를 타고 떠난다.

44. 항구

시간의 목걸이를 걸고 춤추는 중년
현란한 기억이 담담한 현실의
잎사귀 사이로 들어와 함께 흔들린다

흔해서 별로인 것들의 뒤집힘
흘러간 구름이 그렇고
날마다 밥상 위로 오르던 젓가락이 그렇고
봉숭아도 더는 꽃물이 들지 않는
단단한 세월의 응고

허공의 두뇌 속에 먹물을 끼얹던
외줄 타기 수업
읽고 또 읽었던 부르짖음
나의 공부는 언제쯤 닻을 내리고
정박을 할지

어둠의 껍질을 벗겨 내며 열애하던
지하의 눈부신 날들
내 눈에 이슬로 태어난 빈 잔의 여행

길마다 솟구친 불덩이 태양

천 년을 순환하는 무한 감성
그 열락의 어항에서
비릿한 꿈을 오열하며 전진하는
내 심연의 지구항

물이랑마다 금빛 눈꺼풀을 추켜올리며
싱싱한 태고를 산란하는
푸른 회전의 역류
이미 태어난 70억 번째의 진주알
우주의 목엔 폭발하는 탄성이 있을 뿐.

45. 동화

버스를 잘못 타서 돌고 돌아오는 코스
버스의 무릎 위에 앉아서 졸았다

집으로 돌아오는 길에 울퉁불퉁한 조약돌을 주웠다

돼지우리 앞에서 검은 돼지 세 마리가 꿀꿀대며

숯을 씹는 소리, 음악으로 감상했다
사각사각 검정 물이 흐르는
캐스터네츠의 움직임이 계속되기를 바라며

도랑물에 비친 내 얼굴 화관으로 감싸 주던
들꽃들의 눈웃음이 한가롭던 날

논둑길의 염소가 남긴 까만 기억의 알약들

먹어도 줄지 않는 양식은
어린 날의 아름다운 추억뿐.

46. 별 하나

나를 쏘아보던 별이 나를 지켜본다
잠시 내가 숨었다가 나와도
별인 양 나를 바라본다

무한 맑은 빛, 별의 눈동자
상쾌한 하늘나라
세련된 별의 시선
두근대는 이 땅의 가슴

아주 높은 곳에 닿은 이야기
말없이 스미는 별과 나
하나의 별이 된 영혼

도시의 별은 외로워
이 깊은 산중에 떠서
우리 함께한
저 별은 내 미지의 별.

47. 등반 손님

산중의 까마득한 밤
검은 베일을 헤집고 온 남자들
머리엔 라이트 등에 진 무거운 배낭
아기코끼리의 걸음마로
한 걸음 두 걸음
봉우리로 올라오 남자들

다친 어깨의 단말마적 한숨 소리
남자들이여
살아가는 집념도 고단할 텐데
사서 고생 대단하구려

나를 이긴 하루 스스로 뿌듯하여
달구어진 잠자리 위로 도는 한기도
마음 시리지 않았다오
인연과 인연이 쌓여 가는
낙엽의 두께
자고 나니 더 깊어진 숲 속

산속에서 길을 잃어 아득도 하고

난간 옆의 천 길 만 길 낭떠러지
어지러워 몸을 사려도
산속의 평화는
영원무궁하더라고 전합니다.

48. 덕유산
- 가을산행

평생을 오르지 못한 고봉(高峰)
높은 곳이라면 엄두도 못 내던
고소공포증의 여인이 올라선 곳
최초의 암벽 등반

덕이 많고 너그러운 모산(母山)
해발 1,614m를 걸어서 갔다
하늘까지 갔다

해 지고 해 뜨는 앞산과 뒷산
한국화의 한가운데 서서
한 폭의 그림이 되었다

별이 총총한 밤을 지나
용광로 끓어오르는 동녘
불덩이를 안고 사는 당신과
향적봉 대피소에서의 하룻밤

천지사방은 너무도 고요해
하늘 위의 비행소리 적막을 깬다
먼 계곡의 물소리도 잠들고

주목과 구상나무의
오랜 밀어가 소곤대는 밤

아련한 날들의 추풍 그대로
맴돌다 가는 까마귀
다시 돌아와 눈앞에 앉는다
그들의 보금자리는 덕유산
어미의 요람

나 어찌 그곳을 다녀왔는가
눈 감고 감격의 시간
뻐근한 다리 두드리며 회상한다.

49. 스승과 제자

나를 키운 건 사막이었습니다
나무는 그늘을 내어 주지 않았고
옹달샘은 물을 쏟아 내지 않았습니다

안식이 없는 밤
침대 안에 따스한 온기 하나 없는
타인이 있었습니다

내 귀는 언제나
껄끄러운 모래가 드나들었습니다
정성을 들인 식탁 위에
터져 버린 백열등

허접스럽게 떠돌다 들어와
먼지를 뒤집어씌우는 적군과
아군 같이 살았습니다

고귀한 음식이 들어간 식도에
역류성 욕설이 튀는 입술
절대로 기쁨의 웃음을 들키면 안 되는
젊은 날은, 나날이 심각한 전쟁터
나를 키운 건 사막이었습니다

가슴을 후벼 파는 겨울바람
불량 엔진오일 같은 아슬아슬한 현실
바로 그 사막이었습니다.

4부

50. 내외간

안과 밖의 평행선
아래 위의 평등선
금붕어가 되어
세상 밖으로 전진하는 임무
내적 침몰과 외적 교란

첫 기차를 타고
두 번째의 정거장에 내려
서른 번씩 자유를 회상하며
마지막엔 두 사람만 남는 섬에서
절실하게 필요한 전화선

하지만 천국은, 결혼을 하거나……

그러한 일이 없는 곳이라네요.

51. 단순

1
해가 눈을 크게 뜰 때
우주는 검은 옷을 벗는다
한 겹씩 열리는 세상
신성의 몸이 서늘하다

2
이불을 개키는 창공의 손
층계를 오를수록 짧아지는 그림자
청정한 하늘을 숭배하는 자작나무도
발뒤꿈치 들어 올리며 제 모습을 잘라 낸다

3
어제의 반복이 아닌 오늘의 순환
안과 밖을 뒤집는 환풍기
하루가 걸어가는 바퀴소리
강바닥의 조약돌이 세수를 하고
새로운 물길을 만든다

4
잠버릇 길들이는 노년
초저녁 침실로 들기 전 쏟아지는 별
까만 커튼을 올리지 않고
저 먼저 일어나는 육신
꿈속으로 달려온 미지의 여행자

5
불편한 문장이 담긴 귀를 씻고
미처 하지 못한 말들이 덜그럭거리는
혓바닥을 헹군다
화분에 뿌려지는 내장 속의 함성
결코 죽지 않은 독초의 언(言)

6
허공을 채우는 건
빛과 어둠의 입맞춤
오늘 몇 번이나 나를 응시했는가
해가 눈을 감을 때까지.

52. 추억, 견딜 만큼만으로

풍선을 불다가
허파가 터질 듯한 외로움

간신히 올라선 초고층 빌딩에서
순간 낙하하는 엘리베이터의 아득함

망인을 향한 기억의 스위치를 올리면서
화염인 양 이마가 뜨거웠어

그리하여,

어제에 갇혀 버린 빛들은 다시 쏟아지고
서늘한 싹은 밟아도 자꾸만 도져 나와
터질 듯한 몸부림으로

과거의 회전문이 내 앞에서 강강술래를 했어
자다가도 빙빙 도는 꿈자리가 서러워
세상에서 가장 아픈 이름 姑
내게서 진주를 앗아 간 무생물

이제는 아무 기척 없는 어금니
식어 버린 미역국물
싱싱한 초록을 녹여 버린 망령의 혓바닥
눈멀고 귀 닫고 벙어리 된 새색시가
옛것이 되어 가는 망연자실.

53. 모국어

칠흑 속에 갇혀 별을 보았지
온종일 전화 한 통 없던 겨울이었어
지갑은 텅 비어 밥값도 부족했더랬어
활자는 응답의 기미 없이
바람 없는 바다같이 입을 다물고

터질 듯한 침묵이 하늘을 맴돌았어
잊어 달라는 말은 해 본 적 없었지
단지 소란이 싫고
뚜껑 덮인 평정의 심령에
비수가 날아드는 굴곡이 싫었을 뿐

바람이 부는 반대 방향으로만
걸음을 옮겼어
등 떠밀려 흐르던 하루
마흔 고개 쉰 고개 헤아리다가
유년의 노래가 생각이 났어

손에 노를 쥐고 흔들었어
너무 고요해 죽을 것 같다고
붉은 잉크의 엽서들이 속속 도착했어
그제야 눈이 떠지더군

어제의 무소식이
오늘의 무소식은 아니었던 거야

내겐 그 무엇도 음악이 되지 못했어
문(文)이라는 신비에 울면서 물었어
왜 이토록 목마른 샘물을 주는 거냐고
청춘의 기로에서 선택한
이 아슬아슬한 절벽

손을 놓고 떠나려 하면
숨이 멎는 유일한 산소통
시(詩)! 속세를 떠나야 쓰는 거라나
겁 없이 획득한 지상을 사랑해

걸음마다 찍히는 영혼의 인쇄소
과거는 현재를 현재는 미래를
유산으로 남기는 모국어
지독한 윤회인가 봐.

54. 첫 비행

공중 위로 쏜살 같이 날아가는 새 한 마리
새 안의 새
둥지 안의 새
시름없는 날개를 접고
아득한 날부터 퇴화해 온
용맹이 웅크리고 있었다
디딜수록 높아 가는 허공
조심스러운 숨 고르기
좌측과 우측의 저울질
팔을 흔들면 기우뚱할까 근심이다
중량을 벗어난 낙하의 적정지점은
광활한 우주의 바다
침샘의 끊임없는 펌프질
무게를 나누며 삼키는 공포
초가 흐르고 분으로 달릴 때쯤
이윽고 창밖이 보인다
착륙하는 동안 되찾은
후회의 물거품
삼십여 분 후,
겨우 호랑이 꼬리에 매달린
첫 여행자.

55. 무덤 속에서

마지막 찬송가를 들으며
잠자리에 든 해골
미래의 조상에게 새 옷을 받아 입으며
과거의 옷을 벗어 유산으로 남겼다
갓 지은 이름의 음식을 먹었다
평화의 밥에 안식의 따끈한 국물
그토록 찾던 지상의 것들은
지붕 아래 구덩이에 가득 들어찼다

만나를 예비한 신의 배려는
둥근 밥그릇 안에 담겨 있었다
푸른 초원도 그 안에 있었으니
잔혹한 욕망이여
맘껏 웃어라

자격증 없는 죽음
스스로 찾아온 겁 많은 자는
이곳도 반기지 않아
번지수대로 문 열어 놓고
호명할 때 오라 하시니.

56. 남은 그들

여름의 선로에 찍힌 자
내 손에 부채를 넘겨주고
서녘을 넘었습니다
선풍기를 돌려 대며 오싹한 진저리
순간의 낙원을 열어 준 한나절

풀잎에 매달린 새벽 같은
추억의 일기장
투명한 펜으로 한 그릇 수북이
미련을 엮어 준 발자국

저 홀로 우유부단한 태양이
기억의 바위를 뚫고
꽃물을 들입니다

-편도의 기차를 탄 아이는
누가 데려다가
달무리 지는 길섶에 내려놓았습니까-

비가 올지 안 올지
옆구리만 간질이는 입술들
차고에 서 있는 우산은
돌아오지 않은 여행자의
수위 모를 기한을 채우고
벽을 보며 잠들었습니다.

57. 스스로 사라진 자

생각할 틈도 없이 떠난 이들이여
그곳은 여름인가요 겨울인가요
울지 않고 사라진 절망은
단지 진정한 자신에게
비밀통로의 열쇠를 맡기지 않은 탓입니다

남은 불꽃을 일으켜
목련의 우아함에 대해 편지를 쓰시지요
바람 불고 눈 오고 그대 오던,
그런 날의 환호도 괜찮은데

그도 그녀도 그 노인들의 지팡이도
아직 닳지 않은 신발로
침묵의 소란을 피우겠지요

혈관 하나로 이어진 타인들
먼지 나는 신작로에 덜컹대던
어린 날의 동요는
바다 밑의 조가비

남은 자들의 귀에 윙윙거립니다
떠난 자들은 거품의 파도였습니다.

58. 엄청난 부와 엄청난 가난의 비례

-기사

하루에 발행되는 신간은
백 권
미국에서 하루에 버려지는 캔의 수
10만 6,000개
스물네 시간 동안 버려지는 휴대전화기
42만 6,000개의 폐기

아프리카에서 어린 소년이
4시간을 걸어서 길어 오는 물 10L
배고파 죽어 가는 하루의 인구 10만 명
5초에 한 명씩 어린이가 죽어 가고 있다
기근으로 말미암아 하루에 700만 명이
비타민A의 부족으로 시력을 잃고 있다

이 지구상에는
120억 인구가 먹고 남을 만큼의
식량이 생산되고 있다는데
전 세계에서 생산되는 옥수수의
4분의 1을
부유한 나라의 소들이 먹고 있다는데.

59. 공동체 시민아카데미

해가 져도 좋다고
등불 대신 전깃불 밝혀 놓고
별의 눈동자 모여든다
지하 시청각실을 가득 메운
피 끓는 열기

쫑긋, 토끼를 닮은 귀는
하늘을 향해 열리고
생각의 면적을 넓히며
시대의 수액을 들이마신다

미래의 주역들의 항해
걸음걸음 노를 저으며
거룩한 강연을 하는 연사

양심 아픈 그림을 보며
거북한 자본 만능을 벗어난 사고
사는 길이 그것이기에
아직도 물들지 않고
깨어 이끄는 이들이 있어
집으로 돌아와
눈 감고 잠에 들 수 있었다.

60. 사랑의 빵조각

포장을 뜯을 때
코에 들러붙던 낙원의 향기
앞도 뒤도 모르고
날아오는 화살에 꽂힌다

심장은 과녁
선혈을 밟으며 다가오는 설렘
무지로 내미는 손
훗날도 되기 전
스스로 깨닫는 부끄러움

사랑은 상서로워
둘만이 아는 시선의 홍조
부스러기를 긁어모을 때
입가에 묻는 혼미

뜯지 않은 투영보다
개봉된 혼합의 미련이
나날이 우리를 단단하게 묶어 준다
풀어지며 침전하는 생이기에…….

61. 최근의 사랑법

그가 말해요
서로는 일촌이라고
화살보다 거울보다 더 가까운
무촌이라고요!
천성이 된 습관 속에
모난 돌멩이 하나 던져 보면
와르르 무너지는 소꿉놀이
정열은 방랑하는 변덕
말놀음으로 시작된 인연
나날이 승계되는 금붕어의 수화
기침의 음계가 숨 고를 즈음에
밭고랑 가슴골 사이로
남모르게 쌓이는 불덩이
바위를 들춰내고 일어나는
아까운 본전 생각 황금 시절
이젠 눈앞 무덤 앞에서
모두 원점으로 돌아가는
참 아까운 그날의 눈물들.

62. 복권

11월의 도로엔 어제와 오늘이
물물교환을 한다
어깨 나란히 안부를 묻는
가로수 장승
그림자 짙어 가는 저녁
쌓여 가는 의문도 잊은 채
밥보자기에 한 생을 집어넣는다

갈퀴손 빗자루 속으로
당첨된 복권을 실어 가는
형광 조끼의 남자
그들은 항상 빛을 뿜으며
세상의 파편을 거두어들인다

황금보다 무거운
빈곤의 발걸음
가뿐 한숨 사이로
헐거워진 미래가 드러눕는다

관심을 벗어난 다섯줄의 숫자들
한 때는 남몰래 심장에 불붙던
하얀 꿈들 위에 찍힌 검은 발자국

감은 눈동자 속에
재활의 푸른곰팡이 피고
앙다문 입술로 환청을 더듬는다.

63. 강과 다리

유동하는 다리
굳은 등껍질의 강물
춤추는 하모니도 말갛다
물의 등에 업힌
곡선의 연가
서로 연모하듯 굳건하게
담담한 눈길을 보낸다
머물 수 없는 한나절의 햇살
율동에 부딪힌 파편들
알알이 콩알을 물고
하늘로 날아간 새
별안간 창공은 배를 띄우고
비의 주머니를 연다.

64. 망각의 칼

그 여자의 혀는 늘 시퍼렇게 날이 섰지
가슴의 꿈도 생선회로 뜨고
마음의 솜털도 착착 썰어
서풍에 날려 버리는

그 여자의 혀는 쇠갈고리가 달렸지
여린 말 하나 아장아장 걸어 나오면
빙빙 도는 날 끝으로
싹둑 도려내는

한 번도 여자가 되지 못한 생
한 번도 사람이 되어 보지 못한 일생
한 번도 한 번도 한 번도

신(神)을 본 적 없는
그녀의 눈은
밤고양이 들고양이

애무를 모르는 그녀의 가슴은
가시 돋은 울타리
피 흘리고 쓰러진 불신의 벽

화병 앓던 시간
불을 삼킨 혓바닥
토해 내는 것은
마(魔)의 섬광들

섬뜩, 가로등도 숨죽여 울던
신혼의 창틀 사이로

늙어 가는 신부

쇠락하는 것은 추억인데
지독한 것은 왜 자꾸만
이불을 들치며 걸어 나오는지
저 늙지 않을 것들.

5부

65. 누워도 될까요?

가을이 낙엽에 묻는 말이 아니랍니다
몸 한 번 흔들면 흩어지는 구름
죽음은 그렇게
미풍의 미소를 지으며
양 떼의 관 뚜껑을 열어
한꺼번에 풍선을 터트리지요

빠지면 헤어나지 못할
하늘의 깊이로 출렁이며
썩은 바다의 기름띠
꿈을 움켜쥔 손에
흔들리는 손수건

누르스름한 우리의 낙엽 한 장
질긴 생명의 역사
화석의 무덤이 깨지고
아직 이른 문의 귀뚜라미
섬돌 아래 노래합니다.

66. 손님

기약도 없이 문이 열리고
약속 없는 뜨거움
아궁이의 숯불은 이글거리며
검은 연기로 땀이 납니다

만찬 없는 밤
청중은 숨죽여 고즈넉해
경건한 눈빛으로 맴돌고
주인은 자리에 앉을 줄 모릅니다

어제의 시간은
동전의 양면
서로 모르고 다녀간 후
다람쥐 닮은 눈방울

뛰고 달리던 심장 사이로
빈 의자는 거리를 좁히고
아침이라고 땅 끝에 성냥불을 긋습니다.

67. 낯선 혹은 부드러운 시선

마주치는 것만으로
싱싱해지는 눈빛
저녁 어둠 속의
태양광선

바람에 실려 오던 들꽃의 향
찰나의 인연,
그대가 주고 간 기쁨

적막을 뚫고
내 침상 위에 뿌리는 달빛
심장의 꽃
환히 피어나는.

68. 오지 않아도 그리울 겁니다

땅 끝에서 밀려온 무지개
그대는 한 편의 드라마였다오
가난을 찾아 떠난 자
남루한 얼굴을 가방에 담고
자본의 화장을 위해
서치라이드 명멸하는 공연장
도시로 부는 바람이었다오

박제된 삶들의 수화
건조한 빛의 네온을 깨부수고
조금 남은 생동의 숨소리 찾아
지금도 줄지 않은 보폭
작은 어깨들을 토닥이며
그들의 손에 그려 준 메시지

소녀 같은 기다림으로
역행으로 돌고 있는
꿈의 바늘에 찔린 통증
기억이 흐려지지 않는 당신

아침의 침상 앞에 피어나는
갓 피어난 들꽃

폭풍 사이 엽서로 날아온
달콤한 사향
그대 오지 않아 멀미를 해도
내 속엔 미지의 바다가 출렁입니다.

69. 희망은 단 하나

이 세상은 어둠이 없다
다만 내가 빛이 되었을 때만
이 세상엔 진정한 사랑이 있다
다만 내가 진정한 사랑이 되었을 때만

강물이 넘실거리듯 유혹의 물결이 밀려들 때
사랑한다면 두 사람 사이에
푸른 나무를 심어두고 기다려야 한다
서로 침범하여 함께 쓰러지기 전에
든든한 믿음의 울타리를 쳐서
아름다운 수목으로 자라야 한다

원망하기 전 내가 먼저 지켜야 할 것들
그것은,
잠시의 감정에 흔들리지 말아야 한다
이성의 눈에 콩깍지 씌어
그를 나의 심장에 새기고 싶은
선혈 흐르는 목마른 시간에도
마지막엔 항상 베일 벗은 이성일 뿐임을
잊지 말아야 한다

그러함에도 멈출 수 없다면
그 후는 스스로 짊어져야 할 몫에
아픈 추스름을 각오해야 하는 일
세상 안에 없는 것들 찾아 헤매지 말고
스스로 내가 바라는 세상이 되어야 한다

우리에겐 그러한 사명이 있음을 알아야 한다
사랑, 그것은 있다
믿음, 그것도 있다
소망, 그 또한 있다
내가 그 모두가 되어 준다면.

70. 슈퍼 지구
-행성 케플러 22b

너 거기 있었구나
나를 닮은 또 하나의 나
내가 살 수 없을 때
가고 싶었던 곳
내가 떠나고 싶었을 때
머물 수 있는 곳
내가 견딜 수 없을 때
꿈을 꿀 수 있는 곳

바로 너였구나
수억 만 년의 세월 속에서도
바람결에조차 실려 오지 않았던 너의 소식
그런데 어쩌니
따뜻한 봄날의 안락한 그곳은
600광년 밖의 외계 지구라지
백조자리 인근의 11등성 별을 공전한다지

이곳의 365일도 너무 빨라 죽을 지경인데
75일은 어디로 보냈니
함께 돌자, 아득한 그곳
네가 있다는 걸 확인한 순간
와, 하고 숨통이 터지더라

오염과 꽉 막힌 찜통 속에서
내가 살 수 있는 땅이 있다는 건
믿을 수 없는 행운이지
미래의 천국이 바로 그곳이 아닐까

이 시대 어찌하다 보면
그곳에 닿을 수 있을지 몰라
음성으로 인식되는 세상이잖니
생각으로 건너가는 영의 행성들이
바로 이 지구를 지배하고 있으니.

71. 미래의 life style

모든 게 다 있어 아무것도 없는 곳
말 한마디로 이루어지는
인간의 천지창조
칩 하나로 동시통역이 가능해
제2의 바벨탑을 슈퍼 지구까지 쌓아 올리고
심심한 날에 무얼 하고 놀까
담배노 안 피우는 강건한 자들
기계인간의 섹스
아기는 로봇 인형
휴대폰에서 커피가 흘러나오고
밥이 차려지고
필요대로 먹여 주는 우렁각시
모든 게 다 있어 아무것도 없는
무아지경의 세상
대화는 없고 지문만 찍히는
생각대로 Q.

72. 내가 살아 있습니다

삶의 순간마다 언어가 사라졌습니다
모국어로 말을 하던 아이
혀가 붙어 떨어지지 않았습니다
시야는 가깝고 생각은 멀어지는
무아의 침묵에 사로잡혔습니다

먼 나라에서 실려 온 알 수 없는 풍경이
광활한 사막으로 펼쳐졌습니다
낙엽인 듯 눈에 밟히는
어른들의 남루한 이기심은
어린 동공에 무채색의 세상을 덮어 주었습니다

구르는 돌 같은 실어의 안식
말은 있으나 말하는 방법을 모르는
이방인의 어린이
난어 한 마디가 새어 나올 때마다
야유의 함성이 터졌습니다

도무지 안과 밖이 닿지 않는
잘못 만들어진 시계
시침과 분침이 상반되게 삐걱거렸습니다
그렇게 어른이 되었습니다

몸에 맞지 않는 한 몸의 생
시들한 혀들의 총포 소리 들으며
가을이 되었습니다

책장을 넘기듯 차곡차곡
어제와 오늘이 넘어가는데
뛰는 심장엔 갈망이 뒤엉켜 있고
이루지 못한 소망이 끓어 넘쳐
꽃불과 분수로 솟구치는데

서늘한 현실과 암담한 진실은
이론과 실재가 다른 말놀이
하지만 행운이 내 손 안에서 꿈틀거립니다
자꾸만 따스한 지팡이를 쥐어 줍니다

미지는 보이지 않으나
동행의 징표인 양 나를 이끌고 걸어갑니다
세 발로 걷는 사람의 계절
얼굴을 보이지 않고 따라붙던
운명의 그림자도 이제 윙크를 하나 봅니다

토닥토닥 등을 두드리며
목숨의 종소리 들려줍니다
오래도록 듣고 싶은 생의 맥박소리
놓치지 말아야겠습니다.

73. 붉은 울음

오래된 아파트 뒤편
암홍의 단풍 혈이 뜨겁게 떨어진다
지는 노을보다 처연한
핏빛 울음 번지는 늦가을
다 피워 내지 못한
청춘의 격정

저렇듯 살갗 밑에 흐르는
목멘 고함
달려도 그 자리에 멈추어
맴도는 가난한 세월
누더기 같은 얼룩만 자라나는
회색 건물 아래
터져 나오는 목마른 액체

실낙원의 붉은 수단 자락
순결한 원죄의 아이러니
상실된 꿈은 언제나 흐느낌을 동반하거늘
한 잎의 손수건으로 막지 못할
엄숙한 군중의 눈물
스산히 지는 생의 굴곡 사이로
우리 서로 손잡고 우노니.

74. 김장하는 날

김치 하나로 김치 하나로
영양소가 듬뿍
시원시원 맛깔난 김치
날마다 먹어도 물리지 않고
온갖 진수성찬에도 김치 없으면
허술한 상차림

눈 오는 겨울에도 김치
비 오는 여름날에도 김치
나 대한민국에 나지 않았다면
어찌 먹고 살았을까
그 맛을 모르면 인생이 맛없지

오늘도 김치를 담그며
현미밥 한 숟갈에
김치 한 잎 쭉 찢어 올려 먹네
손가락에 붉은 고춧물 드는 식사시간
밥이 술술 넘어가네
인생이 솔솔 살아지네
기분도 쏠쏠하네.

75. 할 수 없는 말

말로 할 수 없는 말은
침묵으로 하자
말로 할 수 없는 말은
눈으로 하자

말로 할 수 없는 말들이
처마 끝의 고드름으로 맺혀
대지의 가슴을 찌른다
차디찬 눈물이 땅 밑에 누운
침묵을 겨누고 있다

너는 나의 말할 수 없는 말
나의 형제여
견디고 견뎌 내어 허물을 벗어라
언 땅을 녹이듯 겨울 그림자를 지워
흙의 눈 속으로 스며들어라

무릎을 꿇고 울어라
새싹으로 돌아라
거름 썩는 지독한 냄새의 향연
그 끝은 향기로운 꽃일지니

어둠을 먹고 자라는 별
죄 많은 곳에 은총도 넘치는 법
이 땅에 고요히 엎드려라
하늘 아래 모든 것은 낮게 숨죽인다.

76. 그래도

아직 할 말이 남아 되돌아보는 말
그것만이 아니라는 암시적인 말
한 술 더 떠서 올리는 당부의 말
그러나 보다 따뜻한 말
시비 아닌 다독거리는 이불 같은 말
자꾸만 터져 나오는 너에게로 향하는 말
끝을 잇는 새로운 시작의 말
풍성한 밥그릇의 말

지금도 지우지 못한 첫사랑의 말
다시 더듬는 고향의 말
눈물 콧물 닦던 손수건 같은 말
이름표가 달렸던 앞가슴의 말
등 뒤로 오는 은인의 말
매듭 없는 속삭임의 말
암울한 동굴 속에 들리는 귀인의 말

말년의 행복이 문을 열고 다가오는
참 좋은 말
사랑이란 말보다 믿음직스러운
덧붙여 주는 행운의 말이다.

77. 그들을 위한 원점

말할 수 없는 비밀이 있다
한 사내가 왜 마을 두레박 우물에서
허겁지겁 물을 들이켰는지

말할 수 없는 아픔이 있다
한 여자를 잃고 정처 없는 허공으로
떠돌던 그의 동공에 대하여

말할 수 없는 기억이 있다
먼 산만 바라보다
하늘로 돌아간 그 여자에 대하여
말로는 할 수 없는 슬픔도 있다
봄꽃의 향기를 만끽하기도 전
질척한 논바닥에 뿌려진
그의 일생에 관하며

겨울에 떠난 아가씨를 배웅하고
신발에 하얀 뼛가루 매달고 온
친구들의 엄동설한의 눈물

그들이 서둘러 떠난 자리에 남은
심장의 곡소리 무거운 철판으로 누르며
실어의 강인한 후유증을 앓고 있는데

동문서답 인생이여
뭔가를 깨달을 즈음엔 검은 머리에
하얀 서리가 내렸구나
그냥 웃자고,

그때까지가 발효기간인 것을
모르고 간 목숨아
이제는 비가 추적추적 내려도
웃을 수 있는데
이리 기쁨이 스며드는데

배고팠던 사랑도,
가난했던 주머니도 오늘은 배 터지게
부풀어 오르는데.

78. 검은 유리알

광활한 우주에 색의 마취가 시작되는 밤
사물의 눈들 청맹과니가 되어 가는
이상한 암묵이 시작된다

전등 빛이 위엄의 옷을 벗기는
음산한 거리에 해일이 출렁거리고
안개 덩굴을 타고 내리는 욕망의 동아줄

이웃 같은 얼굴로 다가와
무시로 옆구리에 날개를 달고
비상을 준비하는 꿈의 의식

무너진 철길 앞에서 복기되는
선로의 아슬아슬한 기억
세상 어디든 자유로이 뻗어 가는
가시박덩굴의 천방지축
양면의 하루에 바둑을 두는 손
그는 둥근 톱날의 시계추

좌우로 한 번씩 뒤척일 때마다
지상은 계절의 레이스를 서두르고
나무는 나이테를 한 겹 더 두른다

우리의 이마엔 생각 깊은 골이 파이고
좁은 보폭으로 달리는 거인의 배를 타고
영원한 항구에 당도한다.

79. 하늘의 빙하

구름 덮인 하늘을 본다
바람결 따라 이동하는 거대한 빙하
뗏목을 몰고 부딪치며 어디론가 흐른다

몇 개의 조각만 남아 공중을 유영하는
하늘의 바다
그렇게 수백억 년을 얼고 녹으며
물길을 만들어 왔으리

우리 생의 빙하기에도
차디찬 행운의 씨앗을 갈무리했지
죽은 듯 살아나는
욕망의 꽃
가슴 안의 온실에 다독거리며

폭설에 짓눌린 이 땅의 뿌리들
안간힘으로 얼음 이불 걷어 내고
탄광에서 불쏘시개 찾아내어
찬란한 봄을 만들었지

짙은 안개 속을 걸어온 아침
전화 한 통의 기적
모세의 지팡이가 던져졌다
암담했던 위로 앞에
주머니 가득 햇살이 들어와 담겼다

따스한 편지를 손에 쥐고
수런수런 고개를 쳐들고 번져 가는
심홍의 웃음. 그리고
진주알로 고이는 눈물의 진통.

80. 벌초하는 날

사철 자란 풀들이 숲을 이룬다
입구도 출구도 없는
야생의 울타리
그냥 두고 보면 좋을 듯
저 무덤가에 맴도는
망자의 이야기를 듣는다
한 서린 여인네의 푸념
엊그제인데
옹기종기 모인 둥근 탑
성난 예초기가 싹둑
그들의 기억을 자른다
매끈한 미끄럼틀 사이로
산자들의 웃음
조용히 머물다 떠난다.

81. 아픈 눈빛

그가 나를 보았다
아픈 줄 안다
그가 나를 아프게 한다
아픈 것 같기에 아프게 한다
아픈 사람에게는 그래도 되는 줄 안다
그는 내가 얼마나 아픈 줄 모른다
깊고 넓고 높은 통증들
그는 더 아프게 한다
아픔은 슬픔은 고통은
면역도 안 된다
심연에서 천국과 지옥을 오간다
사람들은 왜 모를까
행한 대로 되받는다는 것을.

82. 종점에서

시간이 끝나기 전에
오늘
사랑이란 말을 하겠어요

하루가 지나기 전에
이제
용서란 말을 하겠어요

미움이 도사리고 있어도
끝난 시간에는 아무것도
할 수 없잖아요

할 수 있을 때 하기로 해요
아직은 촌음이라도 아껴 가며
해야만 할 그것들을 해야만 해요

떠난 사람 붙들고 아무리 외쳐도
들을 귀가 없고
말할 입도 없어요
미워할 수도 없지요

그래야 나도 사랑 받고 용서 받지요.

83. 아들에게

꿈이었구나, 네가 내게로 온 날은
폭죽을 터뜨리지 않고도
내 영혼의 환희로 다가온 너
아직 하늘이 열리기 전에
작은 강아지가 눈도 뜨기 전에
새들이 둥지에서 날아오르기도 전에
내 전 생애의 슬픔과 밤을
빛으로 채워 준 너

진통의 사흘을 지나
수술대 위에서
응급수술로 세상 밖으로 나온 너
너의 존재는 이 엄마에게
사위는 등불의 연료 같은 거였다
지친 시련의 오아시스 샘물이었다
엄동설한의 시집살이에 봄볕 같은 거였다

아들아, 내 아들아!

처음 너를 품에 안던 날은
목이 메어 숨도 쉴 수 없었다
내 생명이 너에게로 흐르고

너의 숨소리 내게로 와
세상의 모든 닫힌 문을 열어젖히는
참된 의미의 천지창조였다

작은 손길에도 까르르 웃어 대며
천상의 기쁨을 선물해 준 너
너 하나만 있으면 이 엄마는
우주가 가득하여 먹지 않고도 배불렀단다
바람이 불어도 휘청이지 않았단다

눈보라 휘날리는 겨울밤에도
추운 줄 몰랐단다
늘 가난했던 심장의 두근거림도
어깨를 활짝 펴고 신나게 뛰었단다
이 엄마를 자랑스러운 존재가 되게 한 너
네가 내게 온 날부터
사는 일이 춤추듯 행복했단다

고맙고 기특하다. 내 아들아!
우리 처음의 만남같이 거친 세상 낙원으로 살자
성장하는 기적과
발전해 나가는 너의 의식 그리고

목숨 뛰는 생의 강한 열정
더 나이가 들어가도 여전한 가슴으로
위대한 세상이라고 감사하자
태고를 뚫고 나온 억겁의 인연으로
늘 푸르고 즐겁게 살아가자. 아멘!